MANAGEMENT GRAFFITI

MANAGEMENT GRAFFITI

400 MANAGEMENTWIJSHEDEN

DOOR

PIETER KLAAS JAGERSMA

INSPIRATION PRESS

© Inspiration Press; Pieter Klaas Jagersma; 2014

ISBN 978-90-810776-2-0

NUR 801

INHOUD

1. VOORWOORD

VRIJWEL IEDEREEN HEEFT iets met tradities. De voorkeur voor bepaalde tradities is niet zelden persoonlijk van aard. Vooral dat laatste maakt tradities boeiend en memorabel.

Ik heb een traditie om eenmaal in de vijf jaar een boekje te schrijven over op het eerste gezicht lichtvoetige managementwijsheden die bij nader inzien soms behoorlijk zwaar op de maag kunnen liggen. Het schrijven van zo'n boekje heeft voor mij persoonlijk bijna therapeutische waarde. Ik kom tijdens het schrijven keer op keer los van de tirannie van het bestaande. Een moeilijk te omschrijven 'aards' fenomeen, maar het voelt 'goddelijk'.

Een 'zender' heeft een 'ontvanger' nodig. Het primaire doel van dit boekje is de lezer (een manager, ondernemer of ambtenaar) tot nadenken te stemmen. Of nog beter: tot reflecteren aan te zetten. Want als we ergens weinig aan toekomen in dit tijdperk waar communicatie plaatsvindt met de snelheid van het licht, dan is het wel dat laatste.

Om goed te reflecteren heb je echter enige munitie nodig. Dit boekje verschaft de lezer de nodige munitie om bij tijd en wijle enkele persoonlijke mentale salto mortales te maken. De op deze plaats willekeurig op een rij gezette managementwijsheden zijn het resultaat van persoonlijke observaties en interpretaties.

De meeste managementwijsheden ontstonden tijdens de voorbereiding dan wel het interacteren met 'de zaal' naar aanleiding van een van de vele speeches die ik jaarlijks verzorg. Sommige wijsheden zijn het resultaat van inspirerende (besloten) discussies met een raad van bestuur, raad van commissarissen dan wel directie. Weer andere managementwijsheden werden opgedaan door het (niet) handelen van managers nauwkeurig te observeren en onder de loep te nemen. De laatste categorie wijsheden heeft als baarmoeder de vele lange wandel- en fietstochten die ik maak en dat bij voorkeur in de bergen van Zwitserland en Italië.

Ik heb bij het samenstellen van de wijsheden het accent gelegd op de wereld van de ondernemers, managers en bedrijven - mijn professionele habitat. Het aanbrengen van een voor mij persoonlijk acceptabele en voor de lezer aangename verhouding tussen 'doceren' aan de ene kant en 'doseren' aan de andere kant heeft me zoals altijd weer meer tijd gekost dan aanvankelijk gedacht.

Dit derde boek met '400 managementwijsheden met een knipoog' is 'Management graffiti' genoemd en wederom met uiterst veel plezier gecomponeerd. Ik hoop dat u net zoveel plezier gaat beleven aan het consumeren ervan.

Pieter Klaas Jagersma,
Zomer 2014

2. MANAGEMENT GRAFFITI

1

Veel managers kennen van veel de prijs, maar van weinig de waarde.

2

Good practices zijn altijd best practices.

3

Compromis: prijs die je betaalt voor een gebrek aan creativiteit.

4

Een manager luistert naar iemand; een leider heeft aandacht voor iemand.

5

Het vergroenen van de economie betekent het ontgroenen van veel ondernemingen.

6

Leiderschap: iets wat je krijgt als je het gegeven hebt.

7

Klantgerichtheid is als maagdelijkheid; je kunt het maar eenmaal verliezen.

8

Een strategisch plan is als een avondjurk: wat het onthult is boeiend, wat het verhult is boeiender.

9

Voor te veel ondernemingen is een goede slogan net zo goed als een oplossing.

10

Verwar activiteiten nooit met resultaten.

11

De meeste medewerkers gaan de onderneming als vers brood in en komen er als geroosterd brood weer uit.

12

Het merkwaardige van succes is dat je eraan denkt als je het ontbeert; maar als je het hebt, denk je vrijwel onmiddellijk aan andere zaken.

13

Een verschil van mening is het begin van een relatie.

14

De vraag is doorgaans niet waarom ondernemingen dingen doen, maar waarom ze die dingen niet sneller doen.

15

Goed zijn voor slechte medewerkers is slecht zijn voor goede medewerkers.

16

Uitzonderingen bevestigen de regel, maar doen een onderneming niet zelden aan de rand van de afgrond belanden.

17

Het bestaansrecht van ondernemingen is ingebed in angst en hebzucht. Hebzucht domineert in een winstgevend jaar; in een verliesgevend jaar angst.

18

Succes komt van wijsheid; wijsheid komt van falen.

19

Reorganisatie: woord dat we bedacht hebben voor een gang van zaken die we eigenlijk niet begrijpen.

20

Een markt(segment) is een weergave van hoe mensen denken over de toekomst.

21

De meeste ondernemers beginnen als klerk en eindigen als dominee.

22

Acquireer grote klanten, maar vergeet nimmer de kleintjes te bewerken.

23

Het is gemakkelijker respect te krijgen voor 's mans beslissing dan voor 's mans beslissingsbevoegdheid.

24

Consultants vragen veel en antwoorden in gevraagde antwoorden.

25

Niet een gebrek aan ervaring, maar de illusie van ervaring staat ondernemingsgroei in de weg.

26

Grenzen verleggen begint met verlangen naar wat je niet hebt.

27

Vaardigheid: scharnier van een concurrentievoordeel.

28

De verbeeldingskracht van een manager staat niet zelden haaks op zijn realiteitsbesef en vice versa.

29

Experimenteer in plaats van analyseer.

30

Adviseurs mobiliseren is niet advies mobiliseren.

31

Concurreren is lastig; samenwerken is lastiger.

32

Omgevingsveranderingen en een dvd-speler hebben

één ding gemeenschappelijk: de 'fast forward'- knop.

33

Consultant: zoogdier met een opvallend gekruid en bloemrijk idioom.

34

Manager: lookalike van een mier.

35

Vergadering aan het einde van de werkdag: 'afternoon dip'.

36

Vlaggenschepen verworden tijdens crises opvallend snel tot zwalkende schepen.

41

Een aandeelhouder moet zich geen

eigenaar voelen maar een partner.

42

Een onderneming hoort op twee in plaats

van drie of vier benen te staan.

43

Leiderschap: optelsom van droom- en spookbeelden.

44

CFO: getallenkraker.

45

Veranderingen in het management hebben altijd positieve oorzaken en negatieve gevolgen dan wel negatieve oorzaken en positieve gevolgen.

46

De beste leveranciers kunnen hun prijzen niet verhogen.

47

Overname: bedrijfskundig equivalent van de Spaanse griep.

48

Te veel ondernemingen verdwalen in hun eigen oerwoud aan producten.

49

*Managementbeslissing: wespennest
van veronderstellingen, onzekerheden,
gevoelens, indrukken en wankele feiten.*

50

*Men hoort niet voor rapporten te
betalen maar voor resultaten.*

51

Ondernemerschap: Kunstjes, Kunde of Kunst?

52

*Bij onbuigzaamheid leidt verandering
altijd tot revolutie.*

53

Managementgoeroe: gul gebruiker
van bijvoeglijke naamwoorden.

54

De kans te promoveren in de
managementhiërarchie neemt toe met de
onleesbaarheid van het businessplan.

55

Rode cijfers: door de baarmoeder
genaamd directie gegenereerde naweeën
van ondoordachte beslissingen.

56

Dochteronderneming: marionet
van een hoofdkantoor.

57

Concurreren = communiceren.

58

Reputatie: echte logo van een organisatie. `

59

Feiten in plaats van opinies maken het verschil.

60

Irritatie leidt per definitie tot innovatie.

61

Strategische en structurele herschikkingen vereisen culturele heroriëntaties.

62

Sommige managers maken indruk zonder dingen te doen die indruk maken.

63

In het heetst van de concurrentiestrijd moet men vooral het hoofd koel houden.

64

Leidinggeven gaat per definitie over het stellen van vragen en niet noodzakelijkerwijs over het geven van antwoorden.

65

De beste beslissing is de beslissing die nog genomen moet worden.

66

*Iedere aanpassing vergt een
verloochening van leiderschap.*

67

*Een achterdochtige manager is zelf
doorgaans niet te vertrouwen.*

68

*Vooral een stap achteruit is gevaarlijk
voor een leidinggevende.*

69

*Managementassistent: op het eerste gezicht speler
van een bijrol die niet zelden de hoofdrol speelt.*

70

Veranderen en falen hebben slechts één
ding met elkaar gemeen: veel stress.

71

Ondernemingen zonder leiders hebben geen tijd
om te kijken naar waar ze heen willen gaan,
omdat ze het te druk hebben er te komen.

72

Managers die niets te vertellen hebben,
zoeken het gezelschap van anderen op.

73

De bekende 'make or buy'-vraag is veeleer
een minder bekende 'make or break'-vraag.

74

Een ondernemer is een architect
van zijn eigen dromen.

75

Concurreren heeft niet zozeer te
maken met 'economies of scale' maar
vooral met 'economies of skills'.

76

Minder is meer - vooral als je een
management consultant bent.

77

Bureau: moeras voor creativiteit.

78

Doelen horen altijd dromen te zijn -
met deadlines wel te verstaan.

79

Pr: oorlogsvoering met het alfabet als munitie.

80

Het hebben van goede vooruitzichten is goed;
het hebben van goede inzichten is beter.

81

Je vaardigheden op de juiste manier
benutten is een unieke vaardigheid.

82

Vertrouw resultaten; wantrouw rapporten.

83

Een topmanager is een manager met
een overdosis gezond verstand.

84

Vermijd medewerkers die andere
medewerkers vermijden.

85

Het management is altijd
belangrijker dan de manager.

86

Marktleiders munten vooral uit in het management van het onderscheid tussen 'goed' en 'goed genoeg'.

87

Klantgerichtheid is een proces, niet een resultaat.

88

Een onderneming moet veel met klanten omgaan om zichzelf beter te leren kennen.

89

Op 'succesvol management' kan vreemd genoeg geen patent worden aangevraagd.

90

Te veel managers doen ervaring op zonder

daarvan de betekenis te doorgronden.

91

De perceptie van risico's helpt managers te leren.

92

Falen is een goede leermeester - maar dan wel

bij voorkeur in het begin van je loopbaan.

93

Managers presteren louter via anderen.

94

*Adviseurs moeten zeggen wat ze
weten en weten wat ze zeggen.*

95

*Duurzaam ondernemen gaat in eerste
instantie over goede daden en pas in
tweede instantie over grote daden.*

96

Vooruitkijken is eerst ergens tegenop kijken.

97

Topmanagers krijgen de publiciteit die ze verdienen.

98

Een topmanager is een zwaargewicht
met een voorkeur voor weegschalen.

99

Het grootste probleem van managers is dat ze
hun eigen problemen onvoldoende onderkennen.

100

Reorganisatie: bewijsmateriaal dat
de leiding heeft gefaald.

101

Ambities ontsteken is 'één', ambities
uitvoeren is 'twee', maar ambities
realiseren is meer dan een optelsom.

102

Een leider gelooft niet, maar weet het zeker.

103

Bevel van een manager: losse flodder.

104

*'Lange-halen-snel-thuis'-managers
zijn niet zelden kortebaanrijders.*

105

Prijzen zijn belangrijk; kosten zijn belangrijker.

106

Hoge bomen kunnen veel wind hebben.

107

Strategische alliantie: sleeptouw of

sleepnet voor een onderneming?

108

Door weinig mensen te ontslaan

kunnen vaak veel mensen blijven.

109

Financiële praatjes vullen nooit operationele gaatjes.

110

Adviseur: papegaai der mensheid.

111

Een autobiografie van een topmanager
is vaak een bittere pil.

112

Het probleem is niet dat voor topprestaties te
veel wordt betaald; het probleem is dat voor
middelmatigheid te veel wordt betaald.

113

Synergie: dikwijls pijler van een consultancyrapport
maar drijfzand voor een onderneming.

114

Te veel ondernemingen varen op
meer dan één kompas.

115

*Veel bedrijven behandelen klanten
als blinden, terwijl ze toch echt ogen
hebben waarmee ze kunnen zien.*

116

*Het imago van een manager is
zijn belangrijkste amigo.*

117

*Overeenkomst tussen een reputatie
en een barometer: beide stijgen
langzaam, maar dalen vaak snel.*

118

*Vette ondernemingen zorgen
voor magere resultaten.*

119

*Een scherpe uitval van een grote eik
snijdt in de regel geen hout.*

120

*Visie is de sleutel die op het slot
genaamd 'toekomst' hoort te passen.*

121

*Leiders die op te veel gedachten hinken
moeten gaan 'hink-stap-springen'.*

122

Te veel adviseren ondermijnt het vertrouwen.

123

*Aandacht hebben voor klanten betekent
aandacht krijgen van klanten.*

124

*Eerzucht van een manager: een explosieve
cocktail van vertrouwen en wantrouwen.*

125

*Geweldige uitdagingen zijn vaak
onoplosbare problemen.*

126

*Het bedenken van oplossingen is erg onderhoudend
- vooral als je het probleem links laat liggen.*

127

Bedrijfstak: optelsom van veel imiterende
en weinig innoverende ondernemingen.

128

Dure adviezen worden het meest op prijs gesteld.

129

Oude polders lokken vroeg of laat
een dijkdoorbraak uit.

130

Een verbale toelichting van een manager
gaat na vertaling niet zelden failliet.

131

Kleine ondernemende eenheden functioneren als Viagrapillen voor grote logge marktpartijen.

132

De waarde van een werknemer wordt vooral bepaald door zijn uitstraling en minder door zijn prestaties.

133

Inzicht is een kaars die de ervaring belicht.

134

Soms moet je met een discussie stoppen om met een discussie te kunnen beginnen.

135

Het belangrijkste economische goed is niet kennis, grond of geld maar frisse lucht.

136

Veel adviseurs kunnen adviseren, slechts weinig kunnen een gesprek voeren.

137

Een ondernemer moet aan veel dingen denken, maar slechts één ding tegelijk uitvoeren.

138

Duidelijkheid: sieraad van een adviseur.

139

*Hoe creatiever de aanleiding, hoe
constructiever het gevolg.*

140

*Tussen óf en óf staan dikwijls te
veel adviseurs te dringen.*

141

*Een goed advies wordt meer
geprezen dan gewaardeerd.*

142

*Waar een ambtenaar een memo schrijft,
maakt een manager een afspraak en klopt
een ondernemer bij je op de deur.*

143

Doelen moet je niet alleen vastleggen en nastreven, maar vooral zoeken en vinden.

144

Ondernemers en adviseurs gaan als buren met elkaar om; men groet elkaar van harte maar raakt zelden bevriend.

145

Innoveren is vooral een kwestie van durven, niet van doen en denken.

146

De oplossingen van vandaag creëren de uitdagingen van morgen en de problemen van overmorgen.

147

Wees allocentrisch, niet egocentrisch.

148

Verkoop nooit tenzij er twee kopers zijn.

149

Eerzucht: ultieme valstrik van verbeeldingskracht.

150

Je kunt je geld beter laten renderen via middelmatigheid dan het verliezen via een droom.

151

Probeer golven te maken in plaats
van op golven mee te surfen.

152

Klanten geven niets om je deskundigheid
mits ze weten dat je om hen geeft.

153

De concurrenten van je concurrenten
zijn dikwijls je partners.

154

Beloof alleen wat je kunt leveren en
lever alleen wat je belooft.

155

Concurreren is vooral leren.

156

Goede adviseurs praktiseren;

slechte adviseurs preken.

157

Alles wat niet te vereenvoudigen is,

hoort niet in een rapport thuis.

158

Ga altijd voor complementariteit maar nadat je

hebt vastgesteld wat voor soort complementariteit.

159

Allianties werken niet voor jou;
jij werkt via allianties.

160

Geweldige initiatieven zijn beter dan
slechte initiatieven en slechte initiatieven
zijn beter dan geen initiatieven.

161

Leiderschap is doorgaans het resultaat
van veel mislukkingen.

162

Te veel adviseurs pompen zonder het lek te dichten.

163

*Het analyseren van markten kost veel geld; het
niet analyseren van markten kost nog meer geld.*

164

Coach: waakhond die wel blaft maar niet bijt.

165

*Innoveren is een menselijke activiteit,
maar het voelt goddelijk.*

166

*Het enige gemeenschappelijke tussen managers
en consultants is dat beiden zich vooral bezig
houden met problemen in plaats van oplossingen.*

167

Er is niets besloten totdat alles is besloten.

168

Succesvol sterktes benutten is het resultaat

van goed je eigen zwaktes inzien.

169

Verander of ga ten onder.

170

Reorganisaties leiden altijd tot meer organisatie

en daarmee tot meer reorganisaties.

171

Synergie = samenwerken.

172

Het meest waardevolle product van

een onderneming: beïnvloeding.

173

Hoe hoger de managementpositie, des te

groter de kans op een dikke haardos.

174

Klanten kiezen eerst reputaties

en pas daarna producten.

175

Voor een ondernemer is geven leuker dan nemen;
voor een manager is nemen leuker dan geven.

176

Steeds meer ondernemingen komen er buiten
hun onderneming achter wat ze binnen
hun onderneming niet goed doen.

177

Succes is niet alles, maar een
gebrek aan succes is niets.

178

Grote verbeteringen zijn het resultaat
van kleine aanpassingen.

179

De meest succesvolle ondernemingen
zijn het minst klantgericht.

180

Creativiteit: freewheelen met je IQ.

181

Het slagveld van de markt is de baarmoeder
van inventiviteit en innovativiteit.

182

Een rapport van een consultant heeft weinig
gemeen met science, meer met fiction
en dikwijls alles met sciencefiction.

183

Door regelmatig onderuit te gaan
blijven managers op de been.

184

Het hoofd van een manager legt het altijd
af tegen het hart van een ondernemer.

185

Het belangrijkste talent van een talent is het
talent van anderen kunnen mobiliseren.

186

Succes is de realiteit van gisteren.

187

Observeren is goed, maar anticiperen is beter.

188

*Je verdiepen in de spelregels is goed; je richten
op het veranderen van de spelregels is beter; het
introduceren van een nieuw spel is het beste.*

189

*Geloof in resultaten van ondernemingen,
niet in ondernemingen.*

190

Interactie is het cement van een onderneming.

191

Een adviseur is dikwijls een badmeester

zonder handen en voeten.

192

Toppers klimmen niet meer.

193

De gemiddelde onderneming is een

komedie van dwalingen.

194

Leiderschap kan men doceren maar niet leren.

195

Marktleider worden is leuker dan marktleider zijn.

196

Zonder concurrentie atrofieert beschaving.

197

*De meeste ondernemingen hebben te veel
management en te weinig leiderschap.*

198

*Vaak moet je langzaam gaan om
snel te kunnen gaan.*

199

Een goed idee is goed, maar nooit goed genoeg.

200

'Goed' zijn is de achilleshiel van 'geweldig' zijn.

201

*Je bent nooit eigenaar van een
onderneming. Je 'past er een tijdje op'
alvorens het stokje door te geven.*

202

*Het geheim van succesvol zijn is
vooral je eigen gang gaan.*

203

*Het succes van ieder team is altijd tijdelijk
omdat mensen individuen zijn en je niet
kunt worden wat je nu eenmaal niet bent.*

204

Leiden is vooral een kwestie van afdalen.

205

*Een consultancyrapport zet veelal niet aan
tot actie, maar beschermt de opdrachtgever
tegen de keerzijde van actie.*

206

*Alles is haalbaar voor de manager
die het niet zelf hoeft te doen.*

207

Een goed rapport bevat adequate nieuwe inzichten
- veel adequate inzichten zijn echter niet nieuw
en veel nieuwe inzichten zijn niet adequaat.

208

Team: groep medewerkers die individueel
niets van de grond kunnen krijgen.

209

Een vak beheersen is vooral een
kwestie van jezelf beheersen.

210

Veel ambiëren betekent vooral heel veel missen.

211

Lang nadenken is niets doen.

212

Als er geen crisis is moet je er een creëren.

213

Consultants moeten naar hun schaduw in

plaats van hun licht worden gemeten.

214

Respect begint waar begrip eindigt.

215

Wie wil samenwerken kan in de regel wel werken, maar 'samen' is een heel ander verhaal.

216

Wees jezelf, er zijn al zoveel anderen.

217

Leiderschap = verleiderschap.

218

Het starten van een onderneming met een goed idee is niet zelden een slecht idee.

219

Concurrentievoordelen zijn op korte termijn altijd constructief en op lange termijn altijd destructief.

220

Je kunt beter met dan voor een topman werken.

221

Verwarring is de basis van mogelijkheden.

222

Risicomanagement is wat je ervan maakt.

223

Het beste werk wordt niet door maar voor

het beste management uitgevoerd.

224

Consultancy is meer dan advies geven.

225

De klant is de gigant.

226

Goedheid conflicteert nimmer met grootheid.

227

Een geweldig idee komt altijd als
een onaangename verrassing.

228

De mensen die het meest van een
technologie profiteren, adopteren die
technologie doorgaans het laatst.

229

Als je het moet vragen, kun je
het je niet veroorloven.

230

Individuen horen in de boksring
thuis, niet in een onderneming.

231

*Succes is een gevolg van de bereidheid
verschillen te accepteren.*

232

*Duidelijkheid creëren betekent niet
noodzakelijkerwijs onzekerheid reduceren.*

233

De horizon is louter een virtuele realiteit.

234

*Een onderneming moet niet een plek zijn waar je
kunt 'zijn', maar een plek waar je kunt 'worden'.*

235

Zwem altijd met grote vissen.

236

Er gaan meer ondernemingen ten onder aan overeten dan aan hongerlijden.

237

Hoe meer mogelijkheden voor het afgeven van de bal, hoe groter de kans op een misser.

238

'Management by walking around' is lastig met een knieprobleem.

239

Omvang is belangrijk; conditie is belangrijker.

240

Vertrouwen betekent verschillende
dingen voor verschillende mensen.

241

Vaak moet je als manager controle opgeven
om controle te kunnen krijgen.

242

Een huis is niet noodzakelijkerwijs een thuis; een
alliantie is niet noodzakelijkerwijs een partnership.

243

Hou als manager vertrouwen bij de
hand en scepticisme achter de hand.

244

Concurreren heeft niets te maken met 'waar' je
actief bent, maar vooral met 'hoe' je actief bent.

245

Een winnaar in de concurrentiestrijd
wint niet zelden het recht op verlies.

246

Fouten maken is menselijk, maar je hebt een
computer nodig om ergens een ramp van te maken.

247

De toekomst begint morgen.

248

Wat hebben 'zakendoen' en 'slapsticks'
vooral met elkaar gemeen? Timing.

249

Faillissement: nachtmerrie waarbij
je klaarwakker bent.

250

Organisatiecultuur is iets wat mensen
praktiseren als de leiding er niet is.

251

Diversiteit op de werkvloer ondermijnt

de homogeniteit van de identiteit.

252

Respect elimineert creativiteit.

253

Iedere onderneming kan slechts

eenmaal een revolutie ontketenen.

254

Markt: cocktail van graaiers,

criminelen en speculanten.

255

De toekomst verandert iedere dag.

256

*Tussen een verkoper en een koper staat
vaak onnodig veel technologie.*

257

*Als omgevingsveranderingen sneller gaan
dan organisatieveranderingen, dan staan
ondernemingen met één been in het faillissement.*

258

Synergie leidt vaak tot anarchie.

259

Kunst bedrijven zonder kunde is een kunstje.

260

Vanaf de dag dat je marktleider

bent wordt je marktlijder.

261

Consultant: iemand met wie je vier uur kunt

praten zonder dat er iets wordt gezegd.

262

De beste vorm van bediening is zelfbediening.

263

Het ontwaken van China is een nachtmerrie voor de rest van de economische wereld.

264

Bij het benoemen van vrouwen in topposities gaat het meer om aantallen dan om iets anders.

265

Geld is essentieel - banken niet.

266

Als een bedrijfstak zich op een gegeven manier ontwikkelt, sla dan de tegengestelde richting in.

267

Het doorvoeren van een reorganisatie heeft in de praktijk veel weg van het achteruit inparkeren van een tank in het centrum van Amsterdam.

268

Uw salaris is het resultaat van arbeid; uw bonus het resultaat van verbeeldingskracht.

269

Het 'topje' van de spreekwoordelijke 'ijsberg' is nietszeggend; de omvang van de ijsberg is veel belangrijker.

270

Te veel dienstverleners verlenen geen diensten maar verzamelen facturen.

271

*De managementtheorie benadrukt het belang
van innovatie, maar in de managementpraktijk
draait het vooral om imitatie.*

272

*Niet gedemotiveerde maar gemotiveerde
medewerkers geven doorgaans de meeste problemen.*

273

*Het 'glazen plafond' is een illusie; het bevat
een luik dat echter aan de kleine kant is.*

274

*Informatietechnologie verhult vaak waarom
we het eigenlijk moeten gebruiken.*

275

Ondernemingen die een hoofdrol willen spelen in hun bedrijfstak hebben een goed script nodig, een geweldige producent en een meedogenloos regisseur.

276

Je kunt beter jezelf overbodig maken dan dat de concurrentie het doet.

277

Een jurist leeft van de deal, nimmer van en met het resultaat.

278

Iedere beslissing wordt gevoed door een overdosis vooroordelen.

279

Principes druisen in tegen de essentie
van het 'mens-zijn': nadenken.

280

Markten zijn niet het kapitalistische knooppunt
van vraag en aanbod, maar van hebzucht.

281

De toekomst van veel ondernemingen
behoort tot het verleden.

282

Internationaal gissen is per
definitie nationaal missen.

283

Het management van zachte issues
vergt de nodige hardheid.

284

Wie rivaliseert wordt niet altijd winnaar;
wie winnaar is rivaliseert altijd.

285

Vrije marktprincipes zijn niet zelden
vreselijke marktprincipes.

286

Wie wil groeien moet kunnen krimpen.

287

Zonder regels bereikt men het meest.

288

Succesvol worden doe je met je ogen;
succesvol blijven doe je met je oren.

289

Een leider kan zijn ondergeschikten nimmer geheel
vertrouwen terwijl diezelfde ondergeschikten
hun leider blindelings dienen te volgen.

290

Een succesvolle ondernemer gokt voortdurend
maar zet altijd in op zichzelf.

291

Veel realiseren is één ding tegelijk doen.

292

Het formuleren van beslissingen is een 'commodity'; het uitvoeren van beslissingen is een 'specialty'.

293

Slogans van managers zijn vaak waarheden voor hun medewerkers.

294

99% van het plezier van het topmanager zijn ontleent men aan de benoeming.

295

Een geweldige topmanager wordt

na zijn vertrek nooit gemist.

296

Principe: magneet voor ellende.

297

Een goede beslissing ligt nooit voor de hand.

298

Gedrag laat zich niet kwantificeren

- belonen derhalve ook niet.

299

Reizen is vaak aangenamer dan arriveren

- dat geldt vooral voor het zakenleven.

300

Advies is te vaak junkfood voor

de hunkerende geest.

301

Ideeën zijn waardeloos mits ze gedeeld worden.

302

Bronnen van verandering zijn altijd

bronnen van problemen.

303

Zeg het met visualisaties.

304

*Beschouw je technologische infrastructuur
als je belangrijkste vijand maar
behandel haar als je beste vriend.*

305

*Geef waarden en normen door in
plaats van louter activa.*

306

Maatstaven zijn belangrijker dan meten.

307

De snelste manier om van zwakke medewerkers af te komen is het ervoor verantwoordelijke zwakke management te vervangen.

308

'Verandermanagement' draait in theorie vooral om 'veranderen' maar hoort in de praktijk veeleer om het management te gaan.

309

Wat gemeten wordt, wordt uitgevoerd.

310

Briljant zijn is vooral een kwestie van timing.

311

Succesvolle acquisitie: mission impossible.

312

Succesvolle fusie: mission impossible II.

313

Succesvolle alliantie: mission impossible III.

314

Exporteren is niet experimenteren.

315

Fluisteren is de manier om een hype te creëren.

316

Een adviseur is iemand die alles
weet maar niets kan.

317

Creativiteit is waardevoller wanneer het
moeilijker handen en voeten is te geven.

318

Zorg ervoor dat de juiste geest
in het juiste lichaam zit.

319

Businessmodellen moeten geboetseerd worden
naar kameleons en niet naar dinosauriërs.

320

Bedrijven met principes trekken
mensen van kaliber aan.

321

Leidinggevenden reorganiseren als ze niet goed
weten hoe ze met complexe issues om moeten gaan.

322

Duurzaam ondernemen begint bij het
veilen van economische principes.

323

Ondernemerschap gaat meer over
mythevorming dan het verdienen van geld.

324

Presteren zonder passie is problematisch.

325

Succes gaat vooral over samenwerken om te leren en leren samen te werken.

326

'Grofweg gelijk' hebben is beter dan 'precies verkeerd'.

327

Corruptie is een symbool van relatieve economische teruggang.

328

Ieder 'business menu' heeft als voorgerecht
respect en als nagerecht ...... respect.

329

Niet het beperken van risico's
maar het verleggen van grenzen is
ondernemingsverantwoordelijkheid numero uno.

330

Succesvol zakendoen is vooral een
kwestie van feiten respecteren.

331

Het beste schot ligt zelden voor de hand.

332

Groei is altijd pijnlijk.

333

*Ondernemingen horen met hun omgeving
te spelen in plaats van een speelbal van
diezelfde omgeving te worden.*

334

Roem is gemakkelijker te behalen dan fortuin.

335

*Een reputatie heeft geen prijs maar
kan wel geprezen worden.*

336

Polygamie werkt.

337

Ieder systeem dat twee jaar niet
verandert implodeert.

338

Het beperken van keuzemogelijkheden is
de weg naar de hemel der managers.

339

Aandacht is een kwestie van oordeelsvorming.

340

Eén kant uitgaan verloopt vaak via de andere kant.

341

Een consultant hoeft geen kluchten te bezoeken - hij beleeft ze dag in dag uit.

342

Vertel iedereen van alles zonder iedereen alles te vertellen.

343

Ga voor creatieve oplossingen in plaats van voorspelbare antwoorden.

344

Fouten maken met het hoofd is
aanbevelenswaardig, maar fouten maken
met het hart is het begin van het einde.

345

Een karma is belangrijker dan een dogma.

346

Er is geen substituut voor jezelf.

347

De meeste ondernemingen zijn vooral
met het heden bezig in plaats van de
toekomst - daarom falen er ook zoveel.

348

Geweldige deals zijn het resultaat van samenwerking, niet van juridische contracten.

349

Een goede motivatie is bepalend voor het verlangen te leren maar de juiste mentaliteit bepaalt het leerpotentieel.

350

Businessplan: bedrijfskundige soap opera.

351

Innovativiteit is het resultaat van vragen, niet van antwoorden.

352

Samenwerking is de waarde van de toekomst;
allianties zijn de structuur van de toekomst.

353

De meeste managers kunnen beter met
tegenslagen omgaan dan met succes.

354

Ervaring en expertise zijn belangrijk; lef
en doorzettingsvermogen belangrijker.

355

Concurreren draait niet om het elimineren
van concurrenten maar om het tegemoetkomen
aan de behoeften van klanten.

356

Zakendoen is een 'contactsport'.

357

*Een fusie tussen farmaceuten leidt per
definitie tot een knallende hoofdpijn.*

358

Allieer op kleine schaal.

359

*Goede inzichten laten zich niet
vangen in 'bullet points'.*

360

Een verhaal is de beste interventiestrategie.

361

Leiders verdwalen niet zelden in de bossen

die door medewerkers worden geplant.

362

Waarheid is de essentie van een relatie.

363

Scherp zijn leidt tot botheid.

364

*Een onderneming moet niet bezig zijn
met het bereiken van doelstellingen maar
met het realiseren van succes.*

365

*Ontwikkel idealen; beperk je niet tot
het ontwikkelen van ideeën.*

366

*De meeste bedrijfsproblemen behoeven gezond
verstand in plaats van managementconsultants.*

367

Ondernemerschap is geen doel maar een middel.

368

*Penetreer met ideeën, consolideer met methoden
en technieken en verover met verbeeldingskracht.*

369

De zachte weg is moeilijker dan de harde weg.

370

*Een geweldige beslissing wordt bedreigd
door nog betere beslissingen.*

371

*Te veel ondernemingen vechten tegen
het gewicht van hun eigen cultuur.*

372

*Een groep een team noemen wil niet
zeggen dat het ook een team is.*

373

51% procent van niets is nog steeds niets.

374

*Het is moeilijker een goed idee geaccepteerd
te krijgen dan een goed idee te krijgen.*

375

*Zolang er risico's zijn, zullen er verliezen
zijn; als er geen risico's meer zijn, zijn
er geen winsten meer te behalen.*

376

Pas op voor ('cheer')leiders.

377

'Executive education' is goed;

'executive development' is beter.

378

Goede ideeën laten zich managen;

geweldige ideeën niet.

379

Er zijn geen sleutels voor topposities omdat

de sloten steeds worden verwisseld.

380

*Goed presterende ondernemingen zitten over
hun concurrenten in; geweldig presterende
ondernemingen over hun klanten.*

381

*Iets wat goed is ingekocht is al
voor de helft verkocht.*

382

*Medewerkers moeten vooral de bereidheid
tonen op elkaars schouders te willen
staan in plaats van op elkaars tenen.*

383

*Goede marketing verslaat goede technologieën
tenminste zes dagen van de week.*

384

Realiseer doelstellingen - vooral die van je klanten.

385

Businessmodellen moeten vernieuwd

worden, ook als ze niet verouderd zijn.

386

De niet-genomen weg kan erg duur zijn.

387

Slechte adviezen hebben venijnige weerhaken.

388

*De schijn van deskundigheid is vandaag de
dag belangrijker dan de deskundigheid zelve.*

389

Te grote bereidwilligheid is vaak onbereidwilligheid.

390

*Rapport: lichttoren in een woelige
zee van feiten en meningen.*

391

*Eén mentor is meer dan de meeste
managers ooit zullen hebben.*

392

Prijzen zijn altijd te laag.

393

Hoe goed je ook bent, er is altijd iemand beter.

394

*Leiderschap is geen gift maar
gewoon erg hard werken.*

395

Respecteer mensen, niet posities.

396

*Controleer wat je moet controleren in
plaats van wat je kunt controleren.*

397

*'Mensen' zijn altijd 'first best solutions' -
strategieën, structuren en processen respectievelijk
'second', 'third' en 'fourth best solutions'.*

398

*Het doseren van adviezen is belangrijker
dan het doceren van adviezen.*

399

*Er zijn twee soorten klanten: zij die
een poot worden uitgedraaid en zij die
nog een poot worden uitgedraaid.*

400

*Ervaring is vaak een eufemisme
voor een gebrek aan kennis.*

3. OVER DE AUTEUR

PIETER KLAAS JAGERSMA is ondernemer-investeerder, commissaris-adviseur bij diverse internationals en auteur. Hij is sinds het midden van de jaren 1990 eveneens als hoogleraar internationaal ondernemen en strategie verbonden aan diverse binnen- en buitenlandse universiteiten en business schools.

Pieter Klaas Jagersma is auteur van onder meer de volgende boeken:

- De Fokker-Dasa deal. De verkwanseling van de nationale vliegtuigindustrie (Veen, 1993)
- 400 Managementwijsheden met een knipoog (Contact, 1996)
- Internationaal Management (Stenfert Kroese, 1996)
- Global Strategy (Inspiration Press, 2000)
- KLM - Waarheen vliegt gij? (Holland Business Publications, 2002)

- Internationale Bedrijfskunde - Van exporteren naar globaliseren (Pearson, 2004)
- Guiding Global Growth (Inspiration Press, 2008)
- De Passie van de Professional – ed. (Koninklijke Van Gorcum, 2008)
- Mondiaal Management (Inspiration Press, 2014)
- The Tao of Business Witticisms (Amazon, 2014)

Zie ook: www.jrcinternational.eu